Lars Nielsen

Requirements Engineering

Anforderungsdefinition mit Hilfe von UML bei der Entwicklung einer ERP Software

GRIN - Verlag für akademische Texte

Der GRIN Verlag mit Sitz in München hat sich seit der Gründung im Jahr 1998 auf die Veröffentlichung akademischer Texte spezialisiert.

Die Verlagswebseite www.grin.com ist für Studenten, Hochschullehrer und andere Akademiker die ideale Plattform, ihre Fachtexte, Studienarbeiten, Abschlussarbeiten oder Dissertationen einem breiten Publikum zu präsentieren.

Lars Nielsen

Requirements Engineering

Anforderungsdefinition mit Hilfe von UML bei der Entwicklung einer ERP Software

GRIN Verlag

Bibliografische Information der Deutschen Nationalbibliothek: Die Deutsche Bibliothek verzeichnet diese Publikation in der Deutschen Nationalbibliografie; detaillierte bibliografische Daten sind im Internet über http://dnb.d-nb.de/ abrufbar.

1. Auflage 2007
Copyright © 2007 GRIN Verlag
http://www.grin.com/
Druck und Bindung: Books on Demand GmbH, Norderstedt Germany
ISBN 978-3-638-88479-2

Inhaltsverzeichnis

Abkürzungsverzeichnis

BDE	Betriebs-Daten-Erfassung
C++	Objektorientierte, C-basierte Programmiersprache
C#	Objektorientierte, C-basierte Programmiersprache für .NET
CAD	Computer Aided Design
CRM	Customer Relationship Management
CTI	Computer Telephony Integration
DMS	Dokumenten-Management-System
Delphi	Objektorientierte, Pascal-basierte Programmiersprache
ERP	Enterprise Resource Planning
FIBU	Finanzbuchhaltung
IEEE	Institute of Electrical and Electronics Engineers, Inc.
Java	Objektorientierte, plattformunabhängige Programmiersprache
OLAP	Online-Analytical-Processing
PPS	Produktions-Planungs-System
QS	Qualitätssicherung
RE	Requirement Engineering (Anforderungsanalyse)
SCM	Supply Chain Management
UML	Unified Modeling Language
TQM	Total Quality Management
XML	Extensible Markup Language

Abbildungsverzeichnis

Tabellenverzeichnis

1 Einleitung und Systematik der Arbeit

In dieser Arbeit soll aus dem Bereich des Requirements Engineerings der Einsatz der Unified Modeling Language (UML) bei der Anforderungsdefinition in der Softwareentwicklung betrachtet werden.

Ziel der Arbeit ist, die Möglichkeiten und Grenzen des Einsatzes von UML bei der Anforderungsdefinition in der betrieblichen Praxis zu untersuchen.

Um das Ziel zu erreichen, werden zunächst die begrifflichen Grundlagen dieser Arbeit geklärt (vgl. Kap. 2.1). Anschließend wird auf mögliche Vorteile, Probleme sowie Grenzen des UML Einsatzes eingegangen (vgl. Kap. 2.2). Dabei wird speziell die Entwicklung einer branchenneutralen, kaufmännischen Standardsoftware für mittelständische Unternehmen berücksichtigt.

Als Untersuchungsobjekt dient eine Enterprise Resource Planning (ERP) Software, die von einem mittelständischen Softwareproduzenten mit 20 Mitarbeitern hergestellt, vertrieben und kundenspezifisch angepasst wird (vgl. Kap. 3.1). Sie befindet sich bereits bei ca. 200 kleinen und mittelständischen Unternehmen im Einsatz, bei einigen der Unternehmen seit fast 20 Jahren. Der Autor dieser Arbeit ist seit mehreren Jahren als Leiter der Entwicklungsabteilung für den Aufbau und die Erweiterung der o.g. Software verantwortlich.

Als Untersuchungsmethode wird vom Autor das Vorgehen bei der Anforderungsdefinition der o.g. Software beschrieben und beurteilt. Da das Produkt bereits im Markt eingeführt ist, werden im Fallbeispiel insbesondere die Komplexität des Produktes, sowie sich daraus ergebende Probleme beschrieben (vgl. Kap 3.1). Im Folgenden Kapitel werden an Hand eines konkreten Beispiels Gründe für den Einsatz von bzw. der auf Verzicht von UML bei der Definition von Änderungsanforderungen gezeigt (vgl. Kap. 3.2).

Im Ergebnis werden die untersuchten Probleme und Vorteile beim Einsatz von UML bei der Anforderungsdefinition an Hand des Fallbeispiels zusammenfassend dargestellt (vgl. Kap. 3.3).

2   Anforderungsdefinition in der Softwareentwicklung

2.1   Begriffsdefinition und Grundlagen

Grundsätzlich beschäftigt sich diese Arbeit mit einem Teilbereich des Requirement Engineerings (RE): Der Anforderungsdefinition (vgl. Kap. 2.1.1).

Das RE „beschreibt den Weg von der Projektidee über die Ziele zu einem vollständigen Satz von Anforderungen" (vgl. RUPP 2004, 11). Der Autor dieser Arbeit hat sich zum Ziel gesetzt, ein Teilstück dieses Weges näher zu betrachten. Genauer gesagt die Konkretisierung einer bereits dokumentierten, ursprünglichen Anforderung (vgl. Kap. 2.1.1) mit Hilfe der UML (vgl. Kap. 2.1.2) in Kontext einer ERP Software (vgl. Kap. 2.1.3).

2.1.1   Anforderungsdefinition

In dieser Arbeit werden zwei Arten von Anforderungen auf Grund Ihrer Herkunft und Ihrer Aufgabe unterschieden: *Ursprungsanforderungen* und *Anforderungsdefinitionen*.

Grundsätzlich können Anforderungen sowohl als allgemeine Wünsche von Benutzern an ein zu entwickelndes System, als auch als notwendige, zu erfüllende Eigenschaften, welche sich aus gesetzlichen Vorgaben oder Normen ergeben, definiert werden (vgl. POHL 2007, 13; in Anlehnung an IEEE Std. 610.12-1990). Im Folgenden wird für diese Art der ursprünglichen Anforderung der Begriff der *Ursprungsanforderung* verwendet.

Eine *Anforderungsdefinition* wird im Kontext dieser Arbeit als dokumentierte, technische Konkretisierung einer existierenden Ursprungsanforderung an das Softwaresystem verstanden. Die Anforderungsdefinition ist somit ein Dokument (auch als „Artefakt" bezeichnet, vgl. POHL 2007, 14; MEYER ZU BEXTEN 2007; etc.), welches eine vorliegende Ursprungsanforderung als technisches Konzept oder lösungsbasierte Anforderung näher beschreibt. Dabei wird insbesondere auf die softwareseitige Art der Implementierung eingegangen. Mit der Anforderungsdefinition soll ein Softwareentwickler oder Softwarearchitekt grundsätzlich in die Lage versetzt werden, die ursprüngliche Anforderung fachgerecht zu implementieren (vgl. POHL 2007, 49, 181ff.).

Wissenschaftlich gesehen stellt die Anforderungsdefinition den Teilbereich des RE dar, in dem bestimmte Dokumentationstechniken angewendet werden, um die ursprüngliche, meist natürlichsprachliche Anforderung in formale Notationen umzuwandeln, zu konkretisieren und zu detaillieren (vgl. RUPP 2004, 156).

2.1.2   Unified Modeling Language (UML)

Die Unified Modeling Language (UML) ist eine graphische, standardisierte Sprache für die Modellierung von Software. Die UML beschreibt einen Satz von Modellelementen, mit deren Hilfe verschiedene Sichten auf ein Softwaresystem oder auch Teile des Systems konstruiert werden können (vgl. WIKIPEDIA, ALNOKTABOT 2007; NEUMANN 2002, 116; etc.).

Die UML wurde von der 1989 gegründeten Object Management Group als Nachfolger verschiedener objektorientierter Beschreibungs- und Vorgehensmodelle entwickelt (vgl. OMG 2007). Die Sprache wurde 1995 in ihrer ersten Version 0.8 als Nachfolger von Modellen wie die von OOSE, Booch, OMT verabschiedet und liegt aktuell in der Version 2.0 vor (vgl. WIKIPEDIA, ALNOKTABOT 2007).

Die UML hat sowohl in der Literatur, als auch in der Praxis eine weite Verbreitung gefunden und stellt inzwischen den Industriestandard für objektorientierte Softwareentwicklung dar (vgl. POHL 2007, 200). Sie scheint geeignet, um den Problemen, die zwischen der Transformation von der Modellbildung bis zur der späteren Modellinterpretierung auftreten können, effizient zu begegnen (vgl. POHL 2007, 293ff.).

2.1.3   Enterprise Resource Planning (ERP) Software

Enterprise Resource Planning (ERP) Software steht in einer engen Definition für eine „integrierte Software-Lösung für die Steuerung der Auftragsabwicklung, des Vertriebs und der Abrechnung in einem Unternehmen" (vgl. BROCKHAUS 2005).

In einer weiten Definition, wie sie in dieser Arbeit, insbesondere in der Fallstudie, verwendet wird, werden die Aufgaben einer ERP Software deutlich weiter gefasst (vgl. WIKIPEDIA, S.K. 2007): Eine ERP Software dient generell dem Verwalten sämtlicher Unternehmensressourcen, wie z.B. Kapital, Betriebsmittel und Personal. Die Software ist somit in der Lage betriebliche Prozesse umfassend abzubilden und zu unterstützen. Zu den Unternehmensbereichen, die unterstützt werden, zählen u.a.:

- Materialwirtschaft
- Produktion
- Finanz- und Rechnungswesen
- Controlling
- Personalwirtschaft
- Verkauf und Marketing
- Stammdatenverwaltung.

2.2 Einsatz von UML bei der ERP-Softwareentwicklung

Anforderungen bilden die Grundlage des Änderungsmanagements und sollten relevant, eindeutig, vollständig, nachverfolgbar und prüfbar definiert werden (vgl. BLAUBACH 2002, 8). In diesem Kapitel wird daher der Einsatz von UML bei Entwicklung einer ERP Software auf einer allgemeinen Ebene betrachtet. Insbesondere soll darauf eingegangen werden, dass das Modellieren komplexer Softwareprodukte und auch deren Änderung die Unterstützung moderner Modellierungswerkzeuge und Sprachen benötigt (vgl. BRANDES 2006).

2.2.1 Dokumentation von Anforderungen

Eine wichtige Voraussetzung, die eingangs genannten Grundlagen des Änderungsmanagements zu gewährleisten, ist die konsequente Dokumentation von Anforderungen. Diese sichert nicht nur die Nachverfolgbarkeit, sondern auch die spätere Prüfbarkeit auf Vollständigkeit. Voraussetzung dafür ist jedoch die laufende Aktualisierung der Dokumentation. Dokumente, die nicht den aktuellen Entwicklungs- und Anforderungstand beschreiben, sind im Grunde nicht brauchbar. Sie verursachen im Nachhinein deutlich mehr Kosten, als der Aufwand der notwendig ist, die Dokumente laufend auf dem neusten Stand zu halten (vgl. WIEGERS 2005, 270).

Das Problem entsteht hier nicht durch die relativ kompakte Ursprungsanforderung des Kunden oder Auftragsgebers. Diese beschreibt insbesondere in einem ERP-System oft lediglich die kaufmännisch-fachlichen Ziele oder Szenarien. Entweder in einer einfachen, natürlich-sprachlichen oder modellbasierten Form (vgl. POHL 2007, 47, 87ff. und 117ff.). Insbesondere bei typischen Ursprungs-Änderungsanforderungen, ist eine Veränderung dieser Anforderung im Laufe der Implementierung auf Grund der geringen Komplexität eher selten zu erwarten.

Im Gegensatz dazu kann das lösungsorientierte, technische Konzept einer Anforderungsdefinition relativ umfangreich und komplex werden. Somit kann erwartet werden, dass eine Änderung des Konzeptes im Laufe der Implementierung relativ häufig auftritt. Dieser Aspekt verstärkt sich bei einem iterativen Vorgehen in der Entwicklung. Die spätere Implementierung wird i.d.R. nicht mehr mit der ursprünglichen (ersten) Anforderungsdefinition übereinstimmen - wohl aber noch mit Ursprungsanforderung!

Die Dokumentation sollte jedoch immer dem neuesten Entwicklungsstand entsprechen.

Die Verwendung von UML kann die Problematik an dieser Stelle entschärfen: Sie kann in einem objektorientierten Softwareentwicklungsprozess im ersten Schritt eingesetzt werden,

um die objektorientierten Anforderungsdefinitionen als direkte Grundlage für die zu implementierenden Lösung zu verwenden (vgl. NEUMANN 2002, 62ff.). In den folgenden Schritten, während der Implementierung, ist es relativ leicht möglich, direkt die UML-Anforderungsdefinition zu verwenden und zu aktualisieren. Alternativ kann versucht werden, bei der Beachtung objektorientierter Entwicklungsprinzipien, die UML-Anforderungsdefinition mit Hilfe des sog. „Reverse Engineering" wieder auf einen aktuellen Stand zu bringen (vgl. NEUMANN 2002, 84ff.).

Vorraussetzung für den o.g. UML-Einsatz sind jedoch UML-Softwaretools und Entwicklungsumgebungen, die diesen Prozess effizient unterstützen - nicht zuletzt, um die Akzeptanz bei den beteiligten Entwicklern zu sichern.

2.2.2 Reduzierung der Komplexität

Anforderungsdefinitionen können eine relativ hohe, programmiertechnische Komplexität aufweisen, da sie nicht nur untereinander, sondern auch mit anderen Anforderungen und gegebenen Randbedingungen durch Beziehungen, Abhängigkeiten und Konflikte in Relation stehen (vgl. BLAUBACH 2002, 19 und Kap. 2.2.1).

Komplexität entsteht in diesem Zusammenhang, wenn die Umsetzung einer Anforderungsdefinition sehr viele Programmteile betrifft (Komplexität in der Breite) oder wenn ein einzelner Programmteil oder das gesamte Programm zur Erfüllung der Anforderungsdefinition grundsätzlich überarbeitet werden müssen (Komplexität in der Tiefe) (vgl. Abbildung 1).

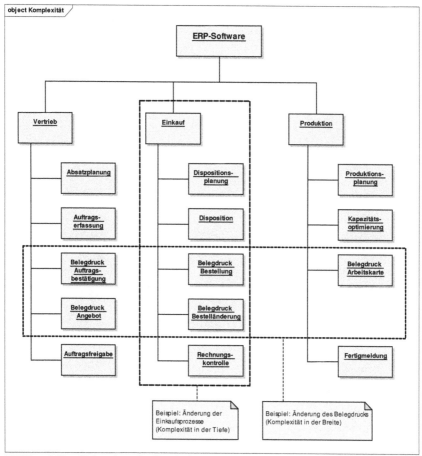

Abbildung 1: Verschiedene Arten der Komplexität (Beispiel)

In einem ERP-System tritt tendenziell der erste Fall (Komplexität in der Breite), häufiger auf. Grund ist die objektorientierte Verwendung von gemeinsamen Klassen und Funktionen in verschiedenen Programmteilen (im o.g. Beispiel, die des Belegdruckmoduls).

Eine bewährte Strategie, komplexen Problemen (oder Anforderungen) zu begegnen, ist das Zerlegen des Gesamtproblems in einzelne Teilprobleme, die weniger komplex sind (vgl. FRICKE 1998, 10).

UML kann bei dieser Strategie in mehrfacher Hinsicht zur Komplexitätsreduktion beitragen:

Verwendung eines UML-Tools bei Komplexität in der Breite

1. Identifizierung der von der Änderung betroffenen Programmteile bzw. Klassen und Komponenten.

2. Aufteilen der Gesamtanforderungsdefinition in einzelne Teilanforderungsdefinitionen.

3. Design, Implementierung, Test der einzelnen Teilbereiche.

4. Dokumentation der Änderungen im Gesamtmodell.

Verwendung eines UML-Tools bei Komplexität in der Tiefe

1. Analyse des existierenden Programmteils bzw. der betroffenen Komponente.

2. Änderung des alten Designs und/oder Entwurf eines neuen Designs in UML.

3. Implementierung, Test und Dokumentation der Änderungen.

Diese einfachen Grundprinzipien bilden im Grunde die Basis vieler Vorgehensmodelle und Softwareentwicklungsprozesse. Diese haben vorrangig das Ziel, wie oben beschrieben, komplexe Probleme durch Einzelschritte, Zerlegung und Validierung zu lösen. Beispiele hierfür sind die iterative Entwicklung mit dem „Extreme Programming" (vgl. WOLF U.A. 2005), das Vorgehensmodell des Bundes „V-Modell XT" (vgl. KBST 2004), der „Object Engineering Process" (vgl. OESTEREICH 2001, 87ff.) oder auch eher klassische Vorgehensmodelle wie das Wasserfallmodell und das Spiralmodell (vgl. WIKIPEDIA, 193.80.131.90 2006).

Die Verwendung von UML zusammen mit einem entsprechenden Vorgehen kann dabei helfen, typische Fehler, wie sie bei einem weniger disziplinierten Vorgehen bei komplexen Problemen entstehen, zu vermeiden.

Zu diesen Fehlern zählen u.a. (vgl. OESTEREICH 2001, 25):

•   Zu frühes/spätes codieren

•   Schlechte Planung

•   Fehlendes Vorgehensmodell

•   Unzureichende Validierung der Ergebnisse

•   Unkontrollierte Entwicklung des Anwendungsarchitektur

•   Entwicklungsrichtlinien fehlen

•   Unzureichende Dokumentation

2.2.3   Grenzen beim Einsatz von UML-Werkzeugen

Bei der Anforderungsdefinition und der Softwareentwicklung kann UML ein hilfreiches Werkzeug darstellen, wie in Kap. 2.2.1und 2.2.2 beschrieben. Man muss in diesem Zusam-

menhang jedoch beachten, dass der Einsatz von UML erst beim Einsatz eines effizienten UML-Software-Tools seine Stärken, wie automatische Dokumentation, Komplexitätsreduktion und automatische Generierung von Quellcode, etc., ausspielt (vgl. RUPP 2004, 191). Diesem Einsatz sind in der Praxis jedoch technische und wirtschaftliche Grenzen gesetzt, die im Folgenden untersucht werden.

<u>Technische Grenzen</u>

Die meisten guten UML Tools unterstützen alle gängigen UML-Diagrammarten. Auf Grund dessen sind zunächst die meisten Tools für die Anforderungsdefinition grundsätzlich geeignet. Problematisch ist jedoch die teils fehlende Unterstützung verschiedener Entwicklungsumgebungen und Programmiersprachen (vgl. JECKLE 2004). So kommt es zu Reibungsverlusten, falls kein Tool zur Verfügung steht, welches Dokumentation, Implementation und Tests über den gesamten Entwicklungsprozess durchgängig unterstützt.

Während viele Tools die Programmiersprachen Java und C++ unterstützen ist die Auswahl bei Sprachen wie C#, Delphi oder XML deutlich eingeschränkt (vgl. JECKLE 2004) – auch wenn der Zeit ein gegenläufiger Trend zu beobachten ist. Grundsätzlich muss beachtet werden, dass nicht jedes Tool jede Sprache im gleichen Umfang unterstützt. Unterschiede gibt es vor allem bei der Unterstützung einzelner Diagrammtypen und beim Reverse Engineering (vgl. Kap. 2.2.1). Exemplarisch sei hier der „Enterprise Architect" von SPARX SYSTEMS (2007) genannt. Dieses Tool unterstützt UML vollständig, die meisten Programmiersprachen jedoch nur in Bezug auf statische Diagrammtypen (z.B. Klassendiagramme). Auch das Reverse Engineering funktioniert bei komplexeren Klassen-Strukturen nicht mehr einwandfrei oder ist nicht mehr lesbar (vgl. Anhang 6).

Wirtschaftliche Grenzen

Die wirtschaftliche Grenze der Anschaffung und Verwendung eines UML-Werkzeugs lässt sich aus den o.g. technischen Grenzen ableiten: Benötigt wird ein umfangreiches UML-Werkzeug, das den gesamten Prozess von der Anforderungsanalyse über die Entwicklung bis hin zum Testen mit einer durchgängigen Dokumentation unterstützt (vgl. RUPP 2004, 191). Insbesondere bei kleinen und mittleren Softwareproduzenten sind jedoch die Mittel, die für ein solches Werkzeug aufgewendet werden können, begrenzt. Zum einen entstehen u.U. hohe Anschaffungskosten für die Lizenzen und ggf. benötigte Hardware. Zum anderen kann für die benötigte Installations-, Einführungs- und Schulungszeit eines solchen Werkzeugs in die Prozesse eines Unternehmens ein hoher Aufwand an Software- und Personalkosten entstehen.

Der Zusammenhang zwischen der von einem Unternehmen benötigten Funktionalität und den entstehenden Kosten, verhält sich wie eine klassische Kosten-Nutzen Funktion: Es fällt auf jeden Fall ein Minimum an Kosten an und diese erhöhen sich mit steigendem Nutzen exponentiell. Somit ist der der Verlauf nicht linear und lässt sich wie folgt darstellen:

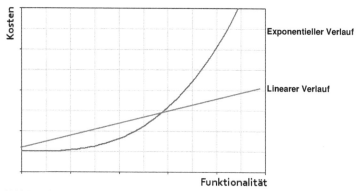

Abbildung 2: UML-Tools: Verhältnis abgedeckter Funktionalität zu Kosten

Letztendlich muss ein Unternehmen selbst entscheiden, welche Funktionalität benötigt wird und welche Ressourcen hierfür aufgewendet werden können. Diese Entscheidung lässt sich nicht pauschalisieren, da das Optimum nur individuell ermittelt werden kann.

2.2.4   Grundsätzliche Probleme

Neben den in Kap. 2.2.3 aufgezeigten Grenzen, sind im Zusammenhang mit dem Einsatz von UML noch weitere grundsätzliche Probleme zu beachten (vgl. RUPP 2004, 190ff.):

Akzeptanz

Die beteiligen Entwickler müssen die Verwendung von UML zur Anforderungsdefinition akzeptieren und verstehen. Da die Anforderungsdefinition als Vorlage zur Implementierung verwendet werden soll (vgl. Kap. 2.1.1), müssen die Entwickler von der Verwendung von UML überzeugt sein. Dabei geht es nicht nur um die Verwendung der Diagramme als einmalige Vorlage, sondern auch um die Erweiterung und Pflege der Diagramme, da diese die Grundlage einer aktuellen Dokumentation bilden (vgl. Kap. 2.2.1).

Methodenkenntnis

Alle Entwickler müssen mit UML und teilweise auch mit den UML-Werkzeug(en) vertraut sein. Ist das nicht der Fall, kann das zu Verständnisproblemen und fehlender Akzeptanz führen. Auch in diesem Fall wären mangelnde Dokumentation und möglicherweise Demotivation die Folge.

Effizienz

Der Einsatz vom UML muss für den entsprechenden betrieblichen Kontext effizient sein. Vorausgesetzt die Akzeptanz und Methodenkenntnis seien gegeben, stellt sich die Frage, ob UML oder ein UML-Tool für das aktuelle Problem die richtige Wahl ist. Ähnlich wie bei der allgemeinen Wirtschaftlichkeitsbetrachtung (vgl. Kap. 2.2.3), muss im Einzelfall das Verhältnis von Kosten zu Nutzen geprüft werden (vgl. Kap. 3.2.2).

3 Fallbeispiel: UML im Praxiseinsatz bei der Entwicklung einer ERP-Software

Im folgenden Fallbeispiel soll an Hand eines Beispiels aus der Praxis die Möglichkeiten und Grenzen beim Einsatz von UML zur Anforderungsdefinition bei der Entwicklung einer ERP-Software untersucht und im Anschluss bewertet werden.

3.1 Kurzporträt der ERP-Software

Zum besseren Verständnis der Thematik wird in diesem Kapitel die ERP-Software, auf die sich die anschließenden Kapitel 3.2 und 3.3 beziehen, vorgestellt und unter verschiedenen Aspekten untersucht.

3.1.1 Einsatzziel der Software

Zur Zielgruppe der Software gehören mittelständische Unternehmen mit ca. 10 bis 1000 Mitarbeiter (3 bis 300 lizenzierte Benutzer) mit 1 bis 50 Unternehmensstandorten (national und international).

Die untersuchte ERP-Software ist weitestgehend branchenneutral, d.h. sie wird in mittelständischen Unternehmen verschiedener Branchen eingesetzt. Exemplarisch seien hier einige der Branchen genannt: Maschinen- und Gerätebau, Mess- und Präzisionstechnik, Medizintechnik, Elektronik, Metall- und Kunststoffverarbeitung, Handel und Dienstleistung, Ge- und Verbrauchsgüterindustrie.

Das konkrete Einsatzziel der ERP-Software in den Unternehmen der Kunden ist die zeitliche und personelle Optimierung des klassische ERP Bereichs, d.h. die Verwaltung von Unternehmensressourcen in ihrer gesamten Bandbreite (vgl. Kap. 2.1.3). Es werden somit zum einen die verfügbaren Ressourcen verwaltet und zum anderen die Prozessabläufe im Unternehmen und zwischen Unternehmensstandorten unterstützt.

3.1.2 Funktionale Breite und Tiefe der Software

Eine ERP-Software wird durch ihre funktionale Breite und Tiefe definiert. Als funktionale Breite wird in diesem Zusammenhang die Abdeckung der im Unternehmen durch die Software angebotenen Funktionen im Verhältnis zur Gesamtzahl der benötigten Funktionen, bezeichnet. Die untersuchte ERP-Software unterstützt grundsätzlich eine Vielzahl von Unternehmensbereichen (vgl. Anhang 1).

Die von einem Unternehmen benötigten Funktionen lassen sich nicht pauschalisieren. Um dennoch eine allgemeine Kennzahl zu ermitteln, kann man diese Punkte z.B. mit dem Angebot eines Standardprodukts wie SAP R/3 grob vergleichen (vgl. Anhang 2). Bei SAP R/3 ist anzunehmen, dass es die meisten gängigen Funktionen abdeckt, da es in Unternehmen sehr vieler Branchen eingesetzt wird. Als Ergebnis kann festgehalten werden, dass die untersuchte ERP-Software eine Abdeckung in der Breite von ca. 66% erreicht. Eine detaillierte Untersuchung würde an dieser Stelle den Rahmen sprengen, käme aber möglicherweise zu einem abweichenden Ergebnis.

Als funktionale Tiefe wird hier die Abdeckung von der Software angebotenen Funktionen und Informationen innerhalb jedes der o.g. Funktionsbereiche im Verhältnis zu den von einem Unternehmen benötigten verstanden. Die Ermittlung einer allgemeinen Kennzahl würde jedoch den Rahmen dieser Arbeit sprengen. Nach Schätzung des Autors wird ohne individuel-

le Anpassungen der untersuchten ERP-Software vermutlich lediglich eine Abdeckung von ca. 20-30% erreicht.

An dieser Stelle erwähnenswert, ist die Möglichkeit, die untersuchte ERP-Software mit Hilfe einer propietären Scriptsprache an die individuellen, vom Unternehmen benötigten Funktionen anzupassen. Auf diese Weise wird, nach Einschätzung des Autors, für die Kunden der untersuchten ERP-Software eine Abdeckung in der Breite und Tiefe von ca. 80-90% erreicht.

3.1.3   Einschätzung der Komplexität

Die Komplexität der untersuchten ERP-Software in Bezug auf das RE kann in zweierlei Hinsicht untersucht werden: Zum einen unter dem programmiertechnischen Gesichtspunkt (vgl. Kap. 2.2.2) und zum anderen unter einem sozial-organisatorischen Aspekt (vgl. SCHNITZEL, 1998):

Programmiertechnisch

Die untersuchte ERP-Software verfügt zum einen über eine Vielzahl unterschiedlicher Programmmodule zur Abbildung der verschiedenen Geschäftsbereiche eines Unternehmens. Bei der untersuchten Software sind das ca. 30 verschiedene Haupt- und Hilfsmodule. Hauptmodule wäre z.B. Vertrieb und Einkauf; Hilfsmodule wären z.B. Telefonie und Dokumentenmanagement.

Jedes Modul unterstützt eine unterschiedliche Anzahl von Geschäftsprozessschritten. Je nach Modul sind dies ca. 3 bis 10 Hauptprozessschritte, die sich teilweise in Unterprozessschritte untergliedern.

Aus der objektorientierten Entwicklung ergibt sich, dass Klassen, wenn sie verändert werden, u.U. eine Vielzahl von Programmbereichen beeinflussen und über Schnittstellen mit diesen kommunizieren (vgl. SCHNITZEL 1998, 4). Als Beispiel sei hier der Belegdruck genannt, der in fast jedem Programmmodul mehrfach in unterschiedlichem Kontext verwendet werdet wird (vgl. Abbildung 1).

Sozialorganisatorisch

Eine ERP-Software ist bedingt durch Ihre umfassenden Funktionen in vielen Unternehmen eines der wichtigsten Werkzeuge zur Abbildung von Informationen und realen Abläufen. Die Komplexität steigt in diesem Fall nach der Auffassung Autors bidirektional:

In einer Richtung beeinflusst die Software die Arbeitsweise und damit die Beziehungen zwischen Menschen. Je komplexer, abstrakter und umfassender die Software ist, desto eher kann dies zu Fehlbedienungen und Verständnisproblemen führen (vgl. SCHNITZEL 1998, 5).

In der anderen Richtung beeinflussen die Anforderungen des Unternehmens die Software, da neue Anforderungen implementiert werden müssen. Hier tritt die Problematik auf, dass Entwickler die fachlichen Anforderungen im Detail verstehen müssten, um sie korrekt zu implementierten. Darüber hinaus ist zu beachten, dass die Fachleute teilweise selbst die Zusammenhänge und Wechselwirkungen nicht vollständig beurteilen können (vgl. SCHNITZEL 1998, 3).

3.2   Vorgehen bei der Anforderungsdefinition

Dieses Kapitel beschreibt das Vorgehen bei der Anforderungsdefinition an Hand eines konkreten Beispiels aus der Praxis. Dabei wird nach Erläuterung des Hintergrundes (vgl. Kap. 3.2.1) auf die Ermittlung und Formulierung der Anforderungen (vgl. Kap. 3.2.2), das technische Konzept (vgl. Kap. 3.2.3) und das weitere Vorgehen bei der Implementierung (vgl. Kap. 3.2.4) eingegangen.

3.2.1   Hintergrund des Praxisbeispiels

Der praktische Hintergrund des Praxisbeispiels ist der Aufbau eines neuen Programmmoduls. Aufgabe des Moduls ist die Simulation einer optimierten Produktionsplanung sowie deren Visualisierung. Details zu den geforderten Funktionen finden sich in Kap. 3.2.2.

Die Idee zur Entwicklung dieses Moduls entstand nicht auf Grund eines konkreten Kundenauftrags. Vielmehr waren Anfragen mehrerer Kunden sowie Erfahrungen des Vertriebs bei Kundenpräsentationen Anlass zur Realisierung des Moduls. Dies ist erwähnenswert, da es in diesem Fall keine vertragliche Ursprungsanforderung in Form eines Pflichtenheftes gab, auf die Bezug genommen werden musste.

3.2.2   Ermittlung und Formulierung der Anforderungen

Der Prozess der Ermittlung und Formulierung der Ursprunganforderung für das neue Modul ist durchaus kritisch zu bewerten, da er nicht einem optimalen Vorgehen entspricht. Eine entsprechende Untersuchung der Probleme wird in Kap. 3.3.1 durchgeführt.

Ausgangssituation

Wie in Kap. 3.2.1 beschrieben liegt kein Pflichtenheft vor.

Es entstand in Gesprächen eine Ursprungsanforderung, die in Pflichtenheft-ähnlicher Form schriftlich festgehalten wurde. Im Laufe der Gespräche wurden zu den drei Ursprungsanforderungen weitere Unterpunkte schriftlich formuliert. Exemplarisch sind hier nur einige Unterpunkte genannt, auf den sich auch die Anforderungsdefinitionen in Kap. 3.2.3 beziehen.

Ursprungsanforderung (Auszug):

Entwicklung eines Programmmoduls zur Visualisierung und Analyse von Fertigungsterminen (Arbeitsgänge der einzelnen Fertigungsaufträge):

1. Entwicklung eines Programmmoduls zur automatischen Simulation der Einlastung der Produktionsaufträge (Soll / Ist Abgleich). Das Ziel ist, diese später zu visualisieren und die Daten für Auswertungen wie z.b. Kapazitätsanalysen, zu verwenden.

a)   Das verfügbare Kapazitätsangebot soll auf Grund entsprechender im System hinterlegter Daten für Mitarbeiter und Maschinen ermittelt werden.

b)   Der Kapazitätsbedarf soll auf Grund entsprechender im System hinterlegter Daten für Mitarbeiter und Maschinen ermittelt werden.

c)   Es soll ein Abgleich von Angebot und Bedarf stattfinden, um in einer späteren Analyse bzw. Simulation für einzelne Kalenderwochen die Auslastung darzustellen.

d)   Die Daten sollen als Grundlage für eine spätere Produktionsablaufsteuerung dienen. Details zur dieser Steuerung wurden nicht festgelegt.

2. Erweiterung der bestehenden Strukturen und Module zur Erfassung und Pflege der bisher nicht erfassten, jedoch benötigten Produktionsdaten (Arbeitsgangplanung, Betriebszeitenkalender, etc.)

(...)

Probleme und Modifikation der Ursprungsanforderung:

Die o.g. Ursprungsanforderung bestand noch aus einem weiteren Punkt 3. Dieser wurde im Laufe des Projektes verworfen, da er sich, wie sich erst später herausgestellt hat, nicht mit dem ersten Punkt der Ursprungsanforderung verbinden ließ:

3. Entwicklung eines Moduls zur Visualisierung und Verwaltung von Mitarbeiterterminen.

Die Visualisierung und die Verwaltung sollten für die Punkte 1 und 3 mit Hilfe von Balkendiagrammen und einem gemeinsamen Programmmodul erfolgen. Obwohl die Idee auf Grund der Gemeinsamkeiten als grundsätzlich richtig erscheint, kommt man bei einer detaillierteren Betrachtung der Anforderungen zu einem abweichenden Ergebnis.

An die Punkte 1 und 3 werden viele unterschiedliche funktionale und qualitative Anforderungen gestellt, auch die Rahmenbedingungen sind nicht ähnlich (vgl. POHL 2007, 15). Exemplarisch werden einige Anforderungsdefinitionen in tabellarischer Form verglichen:

Visualisierung Produktionsaufträge	Verwaltung Mitarbeitertermine	Ähnlichkeit der Anforderungen
Funktionale Anforderungen		
Visualisierung des Ablaufes der simulierten Arbeitsgänge als Gesamtchart	Visualisierung Termine einzelner oder aller Mitarbeiter, einzelner Kunden, etc.	+++
Keine Bearbeitung	Bearbeiten der Termine inkl. entsprechender Validierungen	-
Darstellung einzelner Arbeitsgänge sekundengenau	Stundengenaue Darstellung	++
Darstellung von Auslastungssummen auf Wochenebene, Monatsebene	Keine Summen	-
Berechnung von Maschinengruppensummen u.a.	Keine Summen	-
Manuelle Auswahl der darzustellenden Ressourcen mit automatischer Unterstützung im Produktionskontext	Automatische Auswahl der darzustellenden Ressourcen im jeweiligen Kontext (Mitarbeiter, Kunde, etc.)	-
Qualitative Anforderungen		
Sehr hohe Performance. Es werden bis zu 10.000 Arbeitsgänge pro Monat dargestellt.	Performance kaum relevant. Es werden relativ wenige Termine (bis zu 500) pro Monat dargestellt.	+
Aktualität der Daten nicht relevant, da Simulationen immer manuell gestartet werden.	Aktualität der Daten essenziell, da mehrere Personen parallel Termine ändern.	-
Rahmenbedingungen		
Kunden erwarten eine versprochene Auslieferung des Produktes.	Keine Kundenanfragen vorhanden.	-

Tabelle 1: Praxisbeispiel, Anforderungen im Vergleich

Bereits aus dieser kurzen Gegenüberstellung ergeben sich mehre Feststellungen:

- Es gibt sicherlich eine gemeinsame Basis für beide Anforderungen (die Art der Visualisierung), jedoch sollte diese sehr sorgfältig ermittelt werden, damit es nicht zu Fehlentwicklungen kommt. Insgesamt überwiegen die Abweichungen deutlich.

• Auf Grund der Rahmenbedingungen sollte die Visualisierung der Produktionsaufträge die höhere Priorität bekommen.

• Die aufgeführten funktionalen und qualitativen Anforderungen sind vorrangig technischer Natur. Es sollten entsprechende Maßnahmen durchgeführt werden, um Entwicklungsrisiken zu minimieren und Gemeinsamkeiten zu ermitteln (z.b. durch Prototyping).

Eine Visualisierung dieser Anforderungen in UML wäre zwar möglich aber vermutlich nicht sinnvoll. Dies ergibt sich zum einen aus der Tatsache, dass es optisch schwierig ist, grafische Elemente vergleichend gegenüberzustellen. Zum anderen ist es problematisch, die o.g. Anforderungen in ein verständliches UML-Modell zu überführen, welches für Personen ohne tiefgreifende UML-Kenntnisse verständlich bleibt (vgl. Kap. 2.2.3 und 2.2.4).

3.2.3   Formulierung der Anforderungsdefinition mit Hilfe von UML

Im Folgenden soll ausschnittsweise die Formulierung der Anforderungsdefinition zu den in Kap. 3.2.2, Punkt 1. a) bis c) beschriebenen Ursprungsanforderungen dargestellt werden.

Die technische Konkretisierung der Ursprungsanforderung erfolgt iterativ in mehreren Schritten. Je Schritt werden kurz in schriftlicher Form das grundsätzliche Ziel sowie das Ergebnis beschrieben und in UML dargestellt.

Anforderungsdefinitionen

Schritt 1:

Die Ausgangsdaten für das Kapazitätsangebot und der Kapazitätsbedarf können aus verschiedenen Tabellen der Geschäftsdatenbank ermittelt werden. Im ersten Schritt wird versucht, ein exemplarisches Objektmodell zu finden, das beide Strukturen darstellt und verbindet (vgl. Anhang 3).

Es wird von den folgenden Thesen ausgegangen:

• Das Kapazitätsangebot besteht aus Ressourcen, die in bestimmten Zeitintervallen zur Verfügung stehen

Bsp.: Maschine A, am 01.01.07 von 08:00h bis 16:00h, etc.

• Jede Ressource verfügt über bestimmte Qualifikationen

Bsp.: Maschine A, kann fräsen, hat fünf Achsen, etc.

• Somit können bestimmte Zeitintervallen auf Grund der Ressourcen bestimmte Qualifikationen zugeordnet werden.

Bsp.: Fräsen, verfügbar am 01.01.07 von 08:00h bis 16:00h, etc.

- Der Kapazitätsbedarf besteht aus Aufträgen bzw. aus den Arbeitsgängen, die innerhalb eines bestimmten Zeitintervalls fertig gestellt werden müssen.

  Bsp.: Arbeitsgang X, benötigt 0:10h Fräsen, bis spätestens 02.01.07, etc.

- Somit bedarf es für jeden Arbeitsgang bestimmter Qualifikationen in einem bestimmten Zeitintervall.

- Mit Hilfe der Qualifikationen kann theoretisch für jeden Arbeitsgang (Kapazitätsbedarf) eine geeignete Menge an Ressourcen (Kapazitätsangebot) zu einer Menge an Zeitintervallen gefunden werden (auch leere Mengen).

  Bsp.: Maschine A für Arbeitsgang X, Fräsen, am 01.01.07 von 09:30h bis 09:40h, etc.

Um diese Thesen zu ermitteln und plastischer darzustellen, wurde mit Hilfe von UML ein Diagramm entwickelt, das einen Ausschnitt aus einer entsprechenden Objekt- /Graphenstruktur exemplarisch zeigt. (vgl. Anhang 3).

Schritt 2:

Das in Schritt 1 ermittelte Modell wird verifiziert und analysiert. Dabei werden verschiedene Probleme aufgezeigt und dokumentiert. Exemplarisch werden hier zwei genannt:

- Ressourcen stellen u.U. alternierende Qualifikationen bereit, die nicht zum selben Zeitpunkt parallel genutzt werden können.

  Bsp.: Maschine A kann, je nach verwendetem Werkzeug, Bohren und Fräsen. Sie bietet diese beiden Qualifikationen zu bestimmen Zeitintervallen an. Die Qualifikationen stehen jedoch nur alternierend und nicht parallel zur Verfügung.

- Arbeitsgänge benötigen u.U. parallel Kombinationen aus verschiedenen Ressourcen, die jeweils über bestimmte Qualifikationskombinationen verfügen müssen (hier als „Kapazitäts- anforderung" bezeichnet).

  Bsp.: Für Arbeitsgang X, wird eine Maschine benötigt, die 5-achsig Fräsen kann, sowie ein Mitarbeiter mit einer entsprechenden Ausbildung, um diese Maschine zu bedienen.

Anhand der Beispiele und der bereits gefundenen, benötigten Objekte können verschiedene Situationen manuell durchgespielt werden. Man kann auch bereits grob abschätzen, wie groß die Strukturen später werden und wie viele Rechenschritte für die Navigation durch die Strukturen notwendig sind.

Die Ergebnisse dieses Schritts werden natürlichsprachlich dokumentiert. Es wurden weitere UML Diagramme erstellt, ähnlich dem im Schritt 1 ermittelten, welche die Graphenstruktur

aus verschiedenen Perspektiven darstellen (vgl. Anhang 4). Dieses Vorgehen wäre ohne ein gutes UML-Tool sehr aufwändig.

Schritt 3:

Aus den in Schritt 1 und 2 ermittelten Objektstrukturen kann ein erstes UML Klassendiagramm abgeleitet werden. Dieses stellt die Klassen für die Graphenstruktur dar, welche als Grundlage für die spätere Implementierung verwendet werden soll (vgl. Anhang 5).

Das o.g. Klassendiagramm ist das wichtigste Ergebnis dieses Prozesses, da es als Ausgangsdiagramm für die Implementierung dient.

Beachtenswert bei diesem Vorgehen ist, dass hier nicht das Top-Down-Prinzip angewendet wurde, bei dem zunächst ein Klassendiagramm und anschließend illustrierende Objektdiagramme erstellt wurden. Es wurde der entgegengesetzte Weg nach dem Bottom-Up-Prinzip gewählt, bei dem zunächst Beispiele in Form von Objektdiagrammen entwickelt werden (vgl. WIKIPEDIA SINN, 2007). Erst am Ende wird aus den Beispielen ein allgemeines Klassendiagramm abgeleitet.

Schritt 4 - n:

In weiteren Schritten wird ein Simulationsalgorithmus entwickelt und das Klassendiagramm weiter ausgebaut. Es wird versucht, die gefundenen Objekte in einer optimalen Kombination nach unterschiedlichen Kriterien mit einander zur Verbinden.

Anforderungsdefinitionen werden hier in verschiedenen Ablaufdiagrammen dokumentiert. Diese bilden die Ausgangsdaten für die Implementierung, bilden jedoch keine Details ab (vgl. Anhang 7).

3.2.4 Weiteres Vorgehen zur Implementierung

Im weiteren Verlauf der Implementierung können die während der Anforderungsdefinition ermittelten UML-Diagramme weiterverwendet werden. Sie dienen als Grundlage für die Implementierung.

In der Praxis wird die ursprüngliche Definition der benötigten Klassen für Delphi aus dem Klassendiagramm (vgl. Anhang 5) mit Hilfe des Tools „Enterprise Architect" von SPARX SYSTEMS (2007) generiert. Die weitere Entwicklung dieser Klassen erfolgt jedoch in Delphi ohne Zuhilfenahme eines UML-Tools.

Grund hierfür ist die Tatsache, dass in den Klassen eine Reihe weiterer Methoden und Eigenschaften, zur Verwaltung der Klassen und für den Simulationsalgorithmus benötigt wurden.

Diese hätten jedoch das ursprüngliche Diagramm erheblich überfrachtet und kaum noch lesbar gemacht. Auf Grund dessen wurde auf ein Reverse Engineering in diesem Fall verzichtet. Als Beleg für diese Überfrachtung wird in Anlage 6 exemplarisch das Ergebnis eines Reverse Engineerings für einen Teil der real implementierten Klassen abgebildet.

Ein nicht zu vernachlässigender Grund für das gewählte Vorgehen ist in diesem Fall die Effizienz der Entwicklung. Entsprechende Strukturen in einem UML-Tool aufzubauen ist sehr zeitaufwendig, während sich die direkte Implementation in Delphi als sehr schnell erweist (ca. Zeitfaktor 1:20 schneller).

Bei der Entwicklung des Simulationsalgorithmus wurden UML-Diagramme nur verwendet, um die rudimentären Abläufe des Algorithmus zu visualisieren. Aufgrund der Tatsache, dass der „Entersprise Architect" keine Quellcodegenerierung von Ablaufdiagrammen unterstützt, wurde auf detaillierte Diagramme verzichtet.

3.3   Abschließende Beurteilung der Vorgehens

3.3.1   Aufgezeigte Probleme

<u>Ursprungsanforderungen</u>

Probleme gab es vor allem auf der Ebene der Ursprungsanforderungen, insbesondere die fehlende Detailplanung. Auf Grund dessen wurde nicht erkannt, dass an einem Programmmodul, welches in zwei Bereichen eingesetzt werden sollte, zu großen Teilen unterschiedliche Anforderungen gestellt wurden.

Wie bereits im Fallbeispiel erwähnt, führen Fehler und Irrtümer zu höheren Folgekosten je eher sie im Entwicklungsprozess entstehen und desto später sie aufgedeckt werden (vgl. RUPP 2004, 12). In diesem Fall standen am Anfang des Projektes zu ungenaue Zielvorstellungen und eine zu ungenaue Planung (vgl. RUPP 2004, 16ff.). Diese Probleme sind unmittelbar am Anfang des Projektes entstanden und haben auf Grund der späten Erkenntnis zu einem relativ hohen Nachbearbeitungsaufwand sowie zu ungeplanten Neuentwicklungen geführt.

<u>Datenstruktur der Produktionssimulation</u>

Die Formulierung der Anforderungsdefinition für die benötigten Datenstrukturen war grundsätzlich unproblematisch. Im weiteren Verlauf des Projektes wurde jedoch auf die Verwendung von UML für die Datenstrukturen verzichtet, so dass die Dokumentation nicht vollständig dem aktuellen Stand entsprach. Das Problem lag hier somit weniger bei der Erstellung der

Anforderungsdefinition als bei der laufenden Pflege. Begründet wird es durch die wesentliche Erhöhung der Komplexität der Datenstrukturen im Zuge der Implementierung.

Algorithmus der Produktionssimulation

Zur Implementierung des Simulationsalgorithmus wurden verschiedene grobe Anforderungsdefinitionen erstellt. Diese stellten jedoch keine vollständige Dokumentation der Implementierung dar und wurden im Laufe der Implementierung nicht auf dem neuesten Stand gehalten. Auf Grund dessen kam es hier im Projektverlauf teilweise zu Verzögerungen.

3.3.2 Optimierungsvorschläge

Auf die in Kap. 3.3.1 gezeigten Probleme lassen sich verschiedene Lösungsstrategien anwenden, um diese Probleme zukünftig zu vermeiden oder zumindest die Problematik zu reduzieren:

Ursprungsanforderungen

Der Vorschlag die Probleme bei der Definition der Ursprungsanforderung zu lösen, ist tendenziell organisatorischer Natur. Grundsätzlich sollte hier eine detaillierte Planung mit einer angemessenen Struktur durchgeführt werden (vgl. RUPP 2004, 28).

Wie im Fallbeispiel gezeigt, bietet sich in diesem Fall eine schriftliche (natürlichsprachliche) Dokumentation an. Z.B. in Tabellenform, um ähnlich erscheinende Ursprungsanforderungen leicht miteinander vergleichen zu können. Eine weitergehende Strukturierung, wie sie POHL (2007) vorschlägt, bei der zum einen die Gesamtdokumentenstruktur formalisiert wird als auch eine Attributierung der Einzelnen Anforderungsartfakte durchgeführt wird, wäre hier sicherlich auch ein guter Lösungsansatz (vgl. POHL 2007, 252ff. und 257ff.).

Datenstruktur der Produktionssimulation

Im Falle der Datenstrukturen liegt das Problem in der wesentlichen Komplexitätserhöhung durch die Implementierung. In diesem Fall ist es prinzipiell möglich, die Anforderungsdefinition der Strukturen detailliert in einem UML-Tool zu designen (vgl. POHL 2007, 199ff.). Dies ist jedoch aus Effizienzgründen in Frage zu stellen, da es den Aufwand maßgeblich erhöht.

Auch ein Reverse Engineering der Datenstrukturen ist grundsätzlich denkbar (vgl. NEUMANN 2002, 84ff.), erscheint jedoch wenig sinnvoll, da aufgrund von Collection-Strukturen und diversen Vererbungen die Beschreibung in UML an Aussagekraft und Übersichtlichkeit verliert (vgl. Anhang 6).

Eine praktikable Lösung für dieses Problem könnte in diesem Kontext in der simplen, parallelen Pflege der ursprünglichen Anforderungsdefinition bestehen.

Algorithmus der Produktionssimulation

Für die Produktionssimulation wurden nur grobe Anforderungsdefinitionen und keine ausführliche Dokumentation erstellt. Hierfür war möglicherweise die fehlende Akzeptanz bzw. das Fehlen eines effizienten Vorgehensmodells verantwortlich.

Das Reverse Engineering kommt in diesem Fall aufgrund fehlender Toolunterstützung nicht in Frage. Gleiches gilt für eine automatische Quellcodegenerierung mit Hilfe eines UML-Tools.

Somit wäre auch in diesem Fall, genau wie bei den o.g. Datenstrukturen, eine parallele Pflege einfach gehaltener UML-Diagramme, die im Zuge der Anforderungsdefinition ohnehin erstellt werden, ein gangbarer Weg, um die Dokumentation sicherzustellen.

4   Fazit und Ausblick

In der vorliegenden Arbeit wurden die Möglichkeiten und Grenzen des Einsatzes von UML bei der Anforderungsdefinition theoretisch und an Hand eines Fallbeispiels untersucht.

Sowohl in der Theorie als auch in der Praxis konnte festgestellt werden, dass der Einsatz von UML, insbesondere bei technischer Konkretisierung natürlichsprachlicher Ursprungsanforderungen, grundsätzlich viele Vorteile bringt. Die Grenzen liegen hier vorrangig bei der Unterstützung durch entsprechende Software-Tools, sowie bei der Frage mit welcher Effizienz ein Projekt entwickelt werden soll oder muss.

Fehlende Dokumentation und unzureichend beschriebene oder unzureichend detaillierte Anforderungen führen in der Regel immer zu relativ hohen Folgekosten. Hier sollte vorab auf der organisatorischen Ebene entschieden werden, welcher Aufwand für eine Lösung gerechtfertigt erscheint.

Mögliche Vorteile konnten bei der Nutzung von UML insbesondere bei der Klarheit und Wartbarkeit der Dokumentation, sowie bei der Komplexitätsreduktion auf gezeigt werden. Mögliche Probleme ergaben sich bei der Akzeptanz bei den Entwicklern, der Wirtschaftlichkeit sowie bei der Mitarbeiterqualifikation.

Abschließend kann festgehalten werden, dass auch ohne umfangreiche Mehraufwendungen, eine Optimierung der Anforderungsdefinition und der Dokumentation möglich und sinnvoll ist.

Literaturverzeichnis

BROCKHAUS (2005): ERP. In: Der Brockhaus Computer und Informationstechnologie. Mannheim: Brockhaus

BLAUBACH, S. (2002): Anforderungsmanagement in IT-Projekten. Vortragsfolien. Online im Internet: „http://www.modulo3.de/vortraege/ lt2002_vortrag_anforderungsmanagement_in_it_projekten.pdf [Stand: 22.04.2007]"

BRANDES, C. (2006): Übersichtliche IT mit sauberen Schnittstellen - Passgenau, Praxis : Systemmodellierung. In: iX - Magazin für professionelle Informationstechnik, 10/2006, S. 144

FRICKE, C. (1998): Objektorientiertes Programmieren - eine Einführung. Vortragsfolien. Online im Internet: „http://www.accellence.de/download/ OMTWorkshop.ppt [Stand: 11.05.07]"

KBST, KOORDINIERUNGS- UND BERATUNGSSTELLE DER BUNDESREGIERUNG FÜR INFORMATIONSTECHNIK IN DER BUNDESVERWALTUNG IM BUNDESMINISTERIUM DES INNERN (2004): V-Modell XT. Online im Internet: „http://ftp.uni-kl.de/pub/v-modell-xt/Release-1.2/Dokumentation/html/ [Stand: 11.05.07]"

JECKLE, M. (2004): UML Tools (Case & Drawing). Online im Internet: „http://www.jeckle.de/umltools.htm [Stand: 11.05.07]"

MEYER ZU BEXTEN, E. (2006): Rational Unified Process in der Praxis – Schritt für Schritt. In: iX – Magazin für professionelle Informationstechnik, 10/2006, S. 94

NEUMANN, H.A. (2002): Analyse und Entwurf von Softwaresystemen mit der UML. 2. überarb. u. akt. Auflage. München: Hanser

OESTEREICH, B. (2001): Objektorientierte Softwareentwicklung. Analyse und Design mit der Unified modeling language. 5. völlig überarb. Auflage. München: Oldenbourg

OMG, OBJECT MANAGEMENT GROUP (2007): About the Object Management Group. Online im Internet: „http://www.omg.org/gettingstarted/ gettingstartedindex.htm [Stand: 01.05.2007]"

POHL, K. (2007): Requirements Engineering. Grundlagen, Prinzipien, Techniken. Heidelberg: dpunkt

RUPP, C. (2004): Requirements Engineering und –Management. Professionelle, iterative Anforderungsanalyse für die Praxis. München: Hanser

SAP (2004): Documentation for SAP R/3 and R/3 Enterprise 4.70. Navigation im Navigationsbereich. Online im Internet: „http://help.sap.com/saphelp_47x200/helpdata/de/73/69f5c755bb11d189680000e829fbbd/fra meset.htm [Stand: 13.05.2007]"

SCHNITZEL, B. (1998): Komplexität als Ursache für Fehler in und Risiken mit Software. In: FIfF-Kommunikation, Nr. 1, 1998; S. 18-21. Online im Internet: „http://mod.iig.uni-freiburg.de/cms/fileadmin/publikationen/online-publikationen/kompl.pdf [Stand: 09.06.2007]"

SPARX SYSTEMS (2007): Online im Internet: „http://www.sparxsystems.com/products/ea.html [Stand: 01.05.2007]"

WIEGERS, K.E. (2005): Software Requirements. Deutsche Ausgabe der Second Edition. Unterschleißheim: Microsoft

WIKIPEDIA, 193.80.131.90 (2006): Liste von Softwareentwicklungsprozessen. Online im Internet: „http://de.wikipedia.org/w/index.php?title= Anforderungsmanagement&oldid=30606351 [Stand: 14.11.2006]"

WIKIPEDIA, ALNOKTABOT (2007): Unified Modeling Language. Online im Internet: „http://de.wikipedia.org/w/index.php?title=Unified_Modeling_Language&oldid=33211724 [Stand: 16.07.2007]"

WIKIPEDIA, S.K. (2007): Enterprise Resource Planning. Online im Internet: „http://de.wikipedia.org/w/index.php?title=Enterprise_Resource_Planning&oldid=31060277 [Stand: 01.05.2007]"

WIKIPEDIA, SINN (2007): Top-down und Bottom-up. Online im Internet: „http://de.wikipedia.org/w/index.php?title=Top-down_und_Bottom-up&oldid=30574708 [Stand: 16.04.2007]"

WOLF, H./ROOCK, S./LIPPERT, M. (2005): eXtreme Programming, Eine Einführung mit Empfehlungen und Erfahrungen aus der Praxis, 2. überarb. und erw. Auflage, Heidelberg: Dpunkt

Anhang 1

Unterstützte betriebliche Funktionen der untersuchten ERP-Software.

Unternehmensbereich	Funktionen / Aufgaben
Vertrieb	Kunden Vertreter Vertriebsprozess (CRM)
Einkauf	Lieferanten Einkaufsunterstützung (SCM)
Lager	Lagerbewirtschaftung
Versand	Versandmanagement
Export	Export - Außenhandel
Produktion (PPS)	Produktionsplanung Anbindung CAD Maschinensteuerung
Qualitätssicherung	QS Wareneingang QS Fertigung /Auftragsabwicklung
Technischer Service	Reparatur und Verleih Service und Support
Zeiterfassung	Personalzeiterfassung Auftragszeiten (BDE)
Finanzwesen	Integrierte FIBU Liquiditätskontrolle
Controlling Reporting	Reportingmodul OLAP
Sonstiges	Telefonie (CTI) Dokumentenmanagement (DMS) Terminmanagement Email-Client Außendienst-Synchronisation MS-Office-Integration ...

Anhang 2

Grundsätzlicher Vergleich der Funktionsbereiche der untersuchten ERP-Software mit SAP R/3 4.7 (vgl. SAP 2004).

Bereich in SAP R/3	Bereich in untersuchter ERP-Software
Telefonintegration	Telefonie
Terminkalender	Terminverwaltung
Raumbelegung	Terminverwaltung
Workflow starten	-
Business Documents	Dokumentenverwaltung
Materialwirtschaft	Lagerverwaltung Einkauf Wareneingang Versand Export
Vertrieb	Kunden Aufträge
Logistics Execution	-
Produktion	Fertigung (PPS)
Produktion – Prozeß	Fertigung (PPS) Zeiterfassung (BDE)
Instandhaltung	-
Kundenservice	Technischer Service
Qualitätsmanagement	Qualitätsmanagement
Logistik-Controlling	Reportgenerator
Projektsystem	-
Umweltmanagement	-
Rechnungswesen	Finanzwesen Controlling Reporting
Personal	-

Anhang 3

Exemplarischer Ausschnitt aus einer Objekt-/Graphenstruktur mit konkret zugeordneten Zeitintervallen (Zeiteinheit) je Ressource und Arbeitsgang bzw. dessen Ressourcenanforderungen (ResAnforderung).

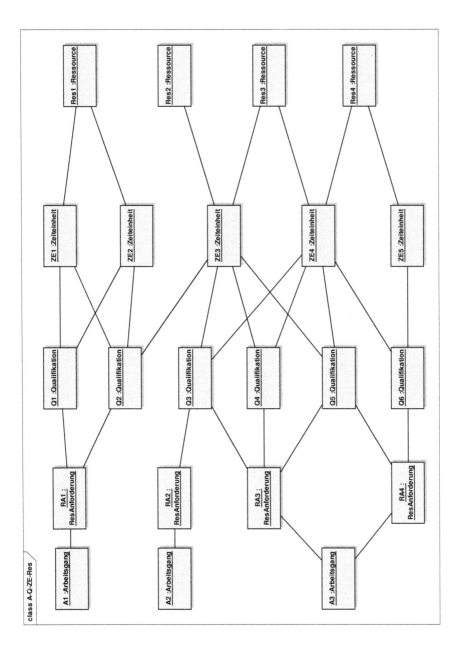

Anhang 4

Weitere Perspektiven der in Anhang 3 dargestellten Objekt-Struktur.

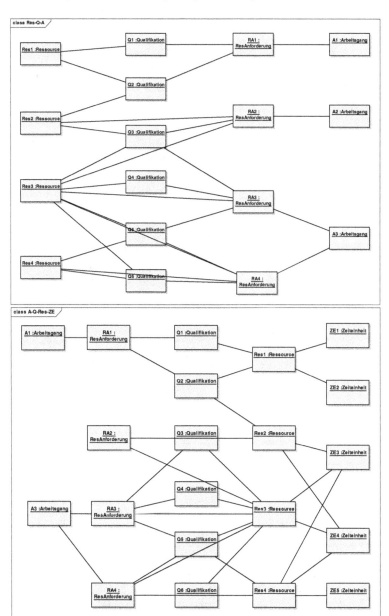

Anhang 5

Ausschnitt aus der Ableitung eines Klassendiagramms aus den Objektdiagrammen (vgl. Anhang 2 und 3). Dieses stellt einen Teil der Klassenstruktur dar, die als Grundlage für die spätere Implementierung verwendet werden kann.

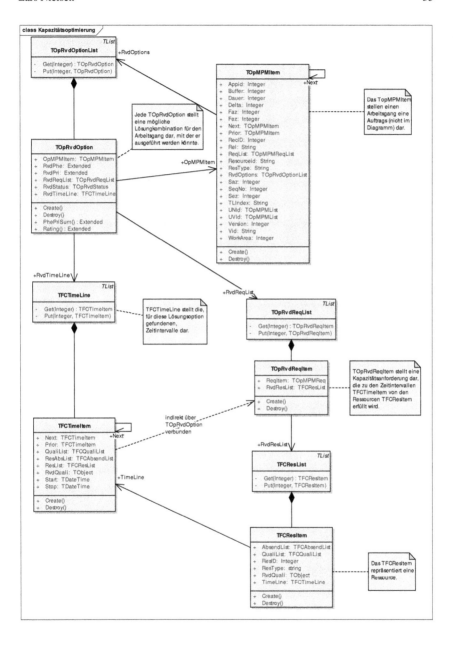

class Kapazitätsoptimierung

TList
TOpRvdOptionList   +RvdOptions
- Get(Integer) : TOpRvdOption
- Put(Integer, TOpRvdOption)

TOpMPMItem   +Next
+ Appid: Integer
+ Buffer: Integer
+ Dauer: Integer
+ Delta: Integer
+ Faz: Integer
+ Fez: Integer
+ Next: TOpMPMItem
+ Prior: TOpMPMItem
+ RecID: Integer
+ Rel: String
+ ReqList: TOpMPMReqList
+ Resourceid: String
+ ResType: String
+ RvdOptions: TOpRvdOptionList
+ Saz: Integer
+ SeqNo: Integer
+ Sez: Integer
+ TLIndex: String
+ UNId: TOpMPMList
+ UVId: TOpMPMList
+ Version: Integer
+ Vid: String
+ WorkArea: Integer

+ Create()
+ Destroy()

Das TopMPMItem stellen einen Arbeitsgang eine Auftrags (nicht im Diagramm) dar.

Jede TOpRvdOption stellt eine mögliche Lösungkombination für den Arbeitsgang dar, mit der er ausgeführt werden könnte.

TOpRvdOption   +OpMPMItem
+ OpMPMItem: TOpMPMItem
+ RvdPhe: Extended
+ RvdPri: Extended
+ RvdReqList: TOpRvdReqList
+ RvdStatus: TOpRvdStatus
+ RvdTimeLine: TFCTimeLine

+ Create()
+ Destroy()
+ PhePriSum() : Extended
+ Rating() : Extended

+RvdTimeLine

TList
TFCTimeLine   +RvdReqList
- Get(Integer) : TFCTimeltem
- Put(Integer, TFCTimeltem)

TFCTimeLine stellt die, für diese Lösungsoption gefundenen, Zeitintervalle dar.

TList
TOpRvdReqList
- Get(Integer) : TOpRvdReqltem
- Put(Integer, TOpRvdReqltem)

TOpRvdReqItem
+ Reqltem: TOpMPMReq
+ RvdResList: TFCResList
+ Create()
+ Destroy()

TOpRvdReqltem stellt eine Kapazitätsanforderung dar, die zu den Zeitintervallen TFCTimeltem von den Ressourcen TFCResltem erfüllt wird.

TFCTimeltem   +Next
+ Next: TFCTimeltem
+ Prior: TFCTimeltem
+ QualiList: TFCQualiList
+ ResAbsList: TFCAbsendList
+ ResList: TFCResList
+ RvdQuali: TObject
+ Start: TDateTime
+ Stop: TDateTime

+ Create()
+ Destroy()

indirekt über TOpRvdOption verbunden

+RvdResList

TList
TFCResList   +TimeLine
- Get(Integer) : TFCResltem
- Put(Integer, TFCResltem)

TFCResItem
+ AbsendList: TFCAbsendList
+ QualiList: TFCQualiList
+ ResID: Integer
+ ResType: string
+ RvdQuali: TObject
+ TimeLine: TFCTimeLine

+ Create()
+ Destroy()

Das TFCResltem repräsentiert eine Ressource.

Anhang 6

Ausschnitt eines Reverse Engineering der implementierten Klassenstrukturen, um eine fehlende Übersichtlichkeit aufzuzeigen.

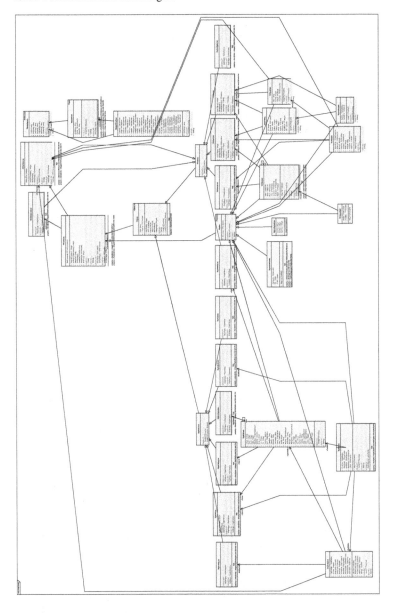

Anhang 7

Beispiel einer Ablauf-Anforderungsdefinition. Teil der Grundlage für die Entwicklung des Simulationsalgorithmus.

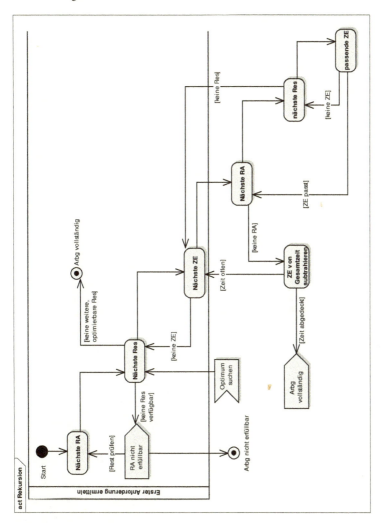

Legende: RA = Ressourcenanforderung, Arbg = Arbeitsgang, ZE = Zeiteinheit bzw. Zeitintervall, Res = Ressource